JN418968

바람도서관

문학의전당 · 시인선 56

바람도서관

ⓒ 김은우 2008

초판인쇄 2008년 10월 15일
초판발행 2008년 10월 20일

지 은 이 김은우
펴 낸 이 김충규
펴 낸 곳 문학의전당
출판등록 제387-2003-00048호(2003년 9월 8일)

주 소 121-718 서울특별시 마포구 공덕2동 404번지 풍림VIP텔 202호
전화번호 02-852-1977
팩시밀리 02-852-1978
블 로 그 http://blog.naver.com/mhjd2003
전자우편 mhjd2003@naver.com

I S B N 978-89-91006-99-7 03810

*이 책의 판권은 지은이와 문학의전당에 있습니다.
*양측의 서면 동의 없는 무단 전재 및 복제를 금합니다.
*잘못된 책은 바꿔드립니다.

김은우 시집

문학의전당

自序

울 수 있는 날들의 환함으로
한 고통이 다른 고통에게 기댄다
가깝고도 먼 곳에서 내게로 온
사랑들 가엾어라

차례

1부

2부

3부

4부

1부

당신이라는 길 위에서

당신에게 스미는 마음으로
목련그늘에서 잠시 쉬어가는 게 전부인 나는,
구름무늬가 얼룩진 흥건한 어둠이 밟히는
당신이라는 길 위에서 더욱 침울해진 나는,
아이에게 책 읽어주듯 앞만 보며 천천히 걸어갑니다

그림자 저 홀로 깊어가는
바닥에 낭자한 햇살을 피해 기러기 날아가는
당신이라는 길 위에서 그르렁대는 나는,
멀뚱멀뚱한 풍경 속에서 제 빛을 잃어갑니다

자작나무 흰 침묵 사이로
내가 지나간 기억이 지워진 뒤에도 오래 뻗어 있을
당신이라는 길 위에서 길 밖으로만 떠도는 습성을 지닌
서럽고도 차운 나는 무어라 무어라 주절대며
흘러갑니다

자연미술관

비 온 뒤
길 위에 군데군데 움푹 패인
웅덩이가 생겨났다

연한 황토빛 배경으로
웅덩이에 고인 물이 투명한 액자가 된
지푸라기와 나뭇가지, 나뭇잎들이 모여
환상적인 조화를 이룬 기하학적 추상화

사람의 손을 거치지 않은
자연스런 그림으로 완성된
직사각형의 액자 속엔
바람 한 줌과 구름 몇 송이 수시로
자유롭게 드나들었다

지나는 발길들 멈추게 하는
곳곳에 전시된, 푸른 하늘 마주보고 있는
길바닥에 붙박인 그림들

햇빛 짱짱한 날이 계속되던 어느 날

흔적도 없이 사라졌다
바퀴자국만 길게 남았다

아무렇지도 않게 거짓말처럼

가진 걸 다 잃고 막막해져서
웅웅거리며 우는 날들 많았지만

늦게 뜨는 저녁별을 바라보는 마음으로
오래 슴슴한 시간 보내고 나면

아무렇지도 않게 거짓말처럼
떠나는 것들의 긴 그림자 사이로
아직 오지 않은 내일이 어제처럼 지나가고
고욤나무에서 황금 열매가 툭툭 떨어지고
웅크린 상심한 시들이 날개를 달고 날아가고
마술처럼 가뭇없이 노란 가을이 왔다 가고

아무렇지도 않게 거짓말처럼
낯빛을 자주 바꾸는 풍경들 사이로
안개에 걸려 넘어진 사람들이 다시 일어서고
주위를 맴도는 어둠이 천 길 절벽으로 내몰리고
내 몸 구석구석 만 갈래 길이 생겨나고
낙타가 되어 떠나간 그대가 돌아오고

아무렇지도 않게 거짓말처럼
오래전에 죽은 나무의 뿌리에서
숨결이 배어나오는 기척을 듣는다

아버지의 문집

오래 버려둔 골방에서 아버지의 문집을 꺼냅니다 몇십 년 동안 호흡을 멈추고 살았음직한 구멍 난 종이묶음 바스락거리며 살아납니다

누렇게 여문 보리밭에 보리피리 부는 소년과 갈래머리 소녀의 모습이 나란히 다정합니다 오른쪽 귀퉁이에 붉게 표시된 화살표를 따라 마법에 걸린 듯 뒷장을 넘기자 푸른 바닷가에 물질을 하는 해녀의 모습이 보입니다 그 옆에 새 한 마리 아마도 눈 먼 새인 듯 굳게 닫힌 문 안에서 퍼득입니다

자잘하게 씌어진 문집 속의 알 수 없는 문장과 그림들로 짜맞추어진 오래 집착했던 시간들 부석부석 마르고 낡아 겨울로 가고 있습니다 아버지가 걸어온 그 시간 위로 내 발자국의 흔적이 똑같은 그림으로 남습니다

내 안의 눈 먼 새는 아직 푸른 문집을 꿈꿉니다 날개를 퍼득입니다 아버지의 허허로운 웃음소리가 피아노 건반 위를 구르며 닫힌 문을 흔들고 지나갑니다

가오리탕과 홍어탕 그리고 ㄱ과 ㄴ

가오리탕을 먹으며 홍어탕을 생각한다 냄비에 홍어를 넣고 무를 깍둑깍둑 썰어 넣고 고춧가루를 한 줌 쓸어 넣고 한 소금 끓여내면 그 얼큰하고 시원한 맛이란! 그렇지만 지금 내가 먹고 있는 건 홍어탕이 아니라 가오리탕이다 생김새가 홍어와 비슷하긴 하지만 톡 쏘는 맛도 없이 밍밍하기만 하다 가오리탕이 맛이 없다는 얘기가 아니다 홍어탕과 비교했을 때 그렇다는 것, 내 입맛에는 그렇다 살을 발라 먹는 동안 나는 내내 홍어탕을 떠올린다

나는 오늘 ㄴ을 만나면서 ㄱ을 그리워한다 ㄱ과 ㄴ은 만날 때마다 다정한 눈빛으로 나를 바라보며 떠들어대는 내 얘기를 경청한다 ㄴ은 고개를 끄덕일 뿐 침묵하는 반면 ㄱ은 말끝마다 맞장구를 치며 거든다 그러니 ㄱ과 만나 얘기를 할 땐 언제나 신명이 난다 ㄴ이 싫다는 얘기가 아니다 ㄱ과 비교했을 때 그렇다는 얘기다 내 느낌엔 그렇다 ㄴ과 얘기하는 동안 내내 ㄱ을 떠올린다 그러나 문제는 지금 내 앞에는 ㄴ이 앉아 있는 것이다

새

멀고도 가까운 허공에서
자욱한 길을 지우며 퍼드득 날아가는
짧은 비명을 누군가 밟고 간다

싫어도 비켜갈 수 없는
어느 날 문득 재채기처럼 찾아올 죽음이거나
아슬하게 지나온 전생의 일들이 새삼 궁금해지는
꽃그늘 붐비는 봄날, 잠시 어슬렁거리며 배회하던
햇살도 저쪽 언덕 너머로 기울어진다

떠난다는 것은 오히려 막막한 환상
우주를 한바탕 뒤흔드는 뼈와 뼈 사이를 몰아치는
바람 속으로 순간의 머뭇거림도 없이
그림자도 남기지 않고 머나먼 길을 향하는
저 낯선 행로

스르르 미끄러지듯 사라져간
어디에도 없는 눈 깜박할 사이 놓쳐버린
깊고 고요한 허공에 영화의 한 장면처럼
흐릿한 잔상만 둥둥 떠서 멀어져가는

네 눈동자 어른거려 섭섭한 오후

듣는 것만으로도 섬뜩한
거친 숨결이 하늘에 길을 내고 있다

억새와 마주치다

김제 들판 지나 바닷가로 접어들자
바람이 이끄는 데로 몸 흔들리는
억새와 마주친다

바닷바람에 흔들리는 게 어찌 억새뿐이랴
내 안에서는 날선 바람이 불어
마음의 물결 출렁이게 한다

파도치는 바다 중심에 가 닿으면
캄캄한 어둠과 맞닥뜨리게 된다
파도소리를 핑계 삼아 터져 나오려는
슬픔의 덩어리 안으로 꾹꾹 밀어 넣는다

잘라내어도 자꾸만 뻗어가는
집착의 줄기들 퍼렇게 멍이 든 지금
나의 곤궁은 수렁에서 헤어나지 못하고 있다

더는 잃을 것도 없는 이 자리에서
힘겨운 시간들 오래 인내해왔으므로
돌이켜 후회하거나 아쉬워하지 않기로 한다

밑바닥까지 내려 앉아본 사람은 안다
길은 가장 아래쪽을 중심으로
위를 향해 있음을

유마사 가는 길

입산하는 사람들의 마음에는 수없이 석탑이 쌓이는 걸까 발자국이 지워지다 다시 살아나는 흙먼지 길, 낯선 사람들과 쉽게 친해지는 낙엽을 밟으며 일주문을 향해 간다 절 쪽으로 난 길이 사뭇 가파르다 언젠가부터 푸르게 깎인 내 안의 계단처럼 깊어 오히려 선명하게 드러나는 길, 아직 잎 지지 않은 단풍잎들 붉고 노란 물감을 흩뿌려놓은 듯 어지럽다 대숲의 바람소리 어두워질수록 더욱 커진다 밤이 되어도 불 켜지지 않는 빈집들, 마음 문득 캄캄해질 때 저녁예불소리 들려온다 흐릿한 석등의 불빛 속에 종소리가 벼랑으로 떨어져내린다 높은 곳에서 무언의 말씀들이 아득히 떨어지며 온 세상으로 퍼져나간다 퍼져나가며 어둠 속에서도 빛이 되는 여명, 인적이 끊어진 굽은 길마다 불두화 피고 진다 목어나 운판소리 없는 중생의 바람……바람이 온몸으로 매달려 느슨한 시간들을 힘껏 끌어당긴다 풍경소리만 이 크나큰 침묵을 깨뜨리는 유마사 가는 길

한자 울鬱자를 들여다보면

사각의 벽에 갇혀
물고기가 되었다가 백합이 되고
별이 되었다가 강물이 되는

한때 발끝까지 환해지던 기쁨이거나
그림자처럼 따라다니던 슬픔으로 버무려진
추억들을 쏟아내고는 주섬주섬 주워 담는

능소화 화아하게 피어나는 시간 내내
떠도는 구름의 행방을 궁금해 하며
쿡쿡 실없이 웃다가 엉엉엉 소리내어 우는
자작나무숲처럼 빽빽한 기억으로 가득한

행간마다 흥건하게 고여 있는 불안으로
얼룩을 만들고 지우는 일로 하루를 채우는
그녀가 떠오른다

꽃, 날아가 버렸다

꽃을 그린다는 게
새가 되어버렸다

꽃의 가시는
새의 뾰족한 부리가 되고
보드랍고 매끄러운 꽃잎은
가벼운 새의 깃이다
간신히 몸을 지탱하는 가느다란
꽃의 줄기는 새의 다리가 되고
땅속 깊이 뻗은 꽃의 뿌리는
새의 날카로운 발톱이 된다

새가 날개를 활짝 펼친 모습은
꽃봉오리가 한껏 부풀어오른 형상과
다름없다

새가 되어버린 꽃은
바람이 어깨를 스치자

온 힘을 다해 날개를 펼친다

앞으로 미끄러지듯 스르르 나아간다
내가 날기 시작한다

북서계절풍

그의 입에서 뱉어져 나온 말들은
모두 날 선 칼이다

갈면 갈수록 서늘한
그의 기운에 소름이 돋는다

근육질을 자랑하는
빠른 속도로 숨 가쁘게 달려온
그가 관통해온 격정의 시간

차겁게 완전무장한
필사적으로 울음을 삼키고 있는 게 분명한
그의 눈빛은 수만 가지의 빛깔을 숨기고 있다

혹독하리만치 격렬한 근성이
그를 끌고 가는 힘이다

일몰

천지 사방 흩어졌다 꿈틀거리며 땅속으로 스며드는
빛의 입자들 습관처럼 가라앉는다

저녁 어스름에 잎사귀들이 길 위를 흘러다니고
소용돌이치는 바람의 말들이 길모퉁이로 일제히 몰려가고
사람들은 바람의 반대방향으로 향한다

집을 잃었거나 자식을 잃었거나 그 모두를 포기한
사람들이 모여 사는 어둑한 마을로 오기 위해
하늘 저편에서 별들이 반질반질 눈빛을 닦는 아득한 시간

쿵쾅거리는 피아노소리 빈 하늘을 텅텅 울리고
더듬더듬 조용조용 끝이면서 처음인
뭉클한 기억들이 출렁거린다

기타

아버지가 아우의 기타를 부숴버렸다

기타가 사라지고
한동안 집안은 조용해졌다
그러나 평화는 그리 오래가지 못했다

아우는 아버지 눈에 띄는 순간
여지없이 부서질 기타를 어렵사리 구해 와서
보란 듯이 문 앞에 세워두곤 했다

늦은 밤 아우의 방에서 흘러나온
기타소리는 바람을 타고 덩굴장미
담장을 넘어 집안을 염탐하던 키 큰
해바라기 발등을 밟고 지나가기도 했다

아우에게 기타가 전부였다면
기타를 끝까지 고집하는 아우는
아버지의 전부였던 게 아닐까

기타가 아버지의 손에 의해

부서질 때마다 아우의 꿈도 쿵쾅거리는
소리를 내었을까

바람도서관

수시로 펄럭이는 바람도서관의 낡은
책들은 등뼈가 휘었다
모서리가 닳고 닳아 쉽게 넘겨지지 않는 가장자리엔
폭우 한가운데를 지나 그곳에 당도한
새들의 울음소리가 매장되어 있다
수많은 낱말들이 햇살에 반짝이는 책들
속눈썹 안쪽에 모든 길의 나침반이 숨겨져 있다
흔들림이 멈추지 않는 바람도서관 입구엔
푸른 사색나무들이 즐비하다
허구한 날 바람바라기하는 바람중독자인
사색나무는 너무 무거운 생각들로 한없이
깊은 늪으로 빠져든다
어디론가 흘러가고 싶은 잎사귀들을 날려 보내고
아직 완성하지 못한 문장으로 늘 목이 마르다
물속의 물고기처럼 퍼덕이는 바람의 싱싱한
수사가 무료나 권태를 훌훌 떨쳐버리는
마침표가 없는 문장으로 기록된 책들로 가득한
바람도서관 그늘 깊은 눈빛을 늦은 오후가 읽고 간다

흘러가는 것들

호수라는 푸른 화면에 돌을 던지자
화면 가득 잔주름이 생긴다
짧은 시간이 경과하고 평정 되찾은 수심을
바람이 건성건성 읽고 지나간다
쏟아질 듯 맑은 하늘이 흘러간다
화면 가득 새들이 오래 고여 있던 침묵을 깨고
울음소리를 내며 줄지어 흘러간다
점점점 작아지며 멀리 멀리 간다
서로 섞일 수 없는 것들이 몸과 몸을 부딪치며
제각각 닿고 싶은 곳으로 흘러간다
낭창낭창한 버드나무 가지들이
바람이 이끄는 데로 우르르 몰리며 젖혀진다
힘없는 것들은 제 가고 싶은 곳으로만
흘러갈 수는 없는 것인지
강하게 당기는 쪽으로 흘러간다
세상 어느 것 하나 한자리에 머무르지 않는다
오래전 기억들이 기약 없이 떠나가듯
죽을 것 같은 순간들도 결국엔
속절없이 흘러가는 것이다

2부

돌 속에 핀 꽃

길을 잘못 들어 허둥대다
돌 속에 핀 꽃을 발견했다

까마득한 벼랑 앞에서
단단하게 뿌리 내리지 못하고
밤이면 돌 위로 파삭파삭
별들이 부서지는 소리 들으며
불면의 밤을 보내는

누구도 손 잡아줄 것 같지 않은
외로움에 파르르 떨고 있는
피지 말았으면 더 좋았을

툭하면 손찌검을 하는 아내를 피해
집을 뛰쳐나오는 반찬가게 남자의
핏기 없는 얼굴을 닮은

그 꽃 마른 풀냄새가 났다

자리공

염천 땡볕에서 꼿꼿하게 서 있는
뿌리가 무성한 저 여자

잘 여문 젖꼭지를 빨면 검자줏빛 눈물 같은
젖이 흘러나오는 저 여자

어린 나이에 시집와서 원추리꽃 같은
청춘도 없이 연이어 아이들을 낳고
시동생까지 젖을 먹여 키우며 평생
뒤란에서 세월을 보냈다

뒤돌아보면 살아온 길이 구불구불한
무덤 속 같은 캄캄한 나날
연하디 연한 푸른 새순으로 쑥쑥 자라던
어린 날부터 훗날 밖으로만 도는 서방을
믿고 의지할 수 없는 박복한 처지로 살아오는
내내 줄곧 씩씩하게 버틸 수 있게 한 건
몸속에 켜켜로 쟁여진 독 때문이다

붉으죽죽 싯푸른 온몸에 핏줄처럼 흐르는

독기가 저 여자 참담한 삶을 쓰러지지 않고
억척스레 버티게 한 힘이다

엉겅퀴꽃, 그녀

밤이면 쿡쿡 쑤셔오는 허리 통증과
물에 젖어 마를 틈 없는 손발이 가려워
잠 못 드는 날들 허다했다

온몸이 땀으로 절여지는 주방에서
우물처럼 깊은 설거지통에 고개 처박고
그릇을 닦으며 종일 허리 펼 새 없이
분주하게 보낸 청양고추처럼 맵싸한 날들

줄줄이 가스불이 켜진 반 평 남짓한
주방에서는 쉴 새 없이 뜨거운 열을 뿜는
불판의 냄비에서 부글부글 면발이 끓고
제각각 다른 모습으로 탄생하는 맵거나
시큼달큼한 맛을 내는 음식이 무더운
시간과 함께 삼켜져 여름 한 철이 다 지나갔다

주방 가득한 수증기처럼 안개 낀 그녀의
여름은 투명한 햇살 거느린 맑은 날이거나
몇 번의 소나기와 우르릉 쾅쾅 벼락이
다녀간 바깥세상과는 철저히 유리된 채

뿌옇게 흐린 날들의 연속이었다

칡넝쿨
–재혼하는 여자

되는 일이 없이
하는 일마다 얼크러져 만신창이가 되어
지지리 궁상을 떨다가
도망치듯 절름거리며 갔더래

새로운 세상이 펼쳐질 거라
크나큰 기대를 안고 당도한 그곳엔
지금껏 보고 들으며 겪어온 지나온 것과
별반 다르지 않은 얽히고 얽힌 매듭을 풀어야 할
또 다른 인연이 기다리고 있더래

그동안의 수많은 액운과 시행착오를 떠올리며
똑같은 후회를 되풀이하지 않겠노라
시도 때도 없이 닥쳐오는 위기와 맞서며
서로 어우러져 주위를 푸르게 물들이면서
기쁜 마음으로 칡즙 같은 인생의 쓰디쓴 잔을
목구멍에 들이부었더래

다시는 이별을 만나지 않기 위해
필생의 힘으로 낯선 듯 낯익은 길을

넝쿨손으로 새롭게 개척해갔더래

만삭의 둥근 기억

너를 생각하면 꿈결에도
싸르륵 통증이 젖가슴을 눌렀다
나직나직 속삭이는 내 목소리 듣는지
파닥이는 네 숨결
속살 깊이 텅 빈 뼛속까지 파고들어
핑그르르 젖이 돌았다

유산의 쓰라린 기억을 지우며
웅크린 채 문이 열리기를 고대하며
양수 속에서 잘 자라고 있을 너를
가슴 졸이며 기다리는 동안
아랫도리가 싸아하게 아파왔다

너를 생각하면 꿈결에도
내 속을 빠져나가는 시어들처럼
핑그르르 눈물이 글썽거렸다

네 고운 이름을 지어주고 싶어
생각주머니를 부풀려 높거나 낮은
길고 짧은 언어들을 찾아 헤매는 동안

날마다 갈증으로 속이 탔다

갈비뼈가 울었다

우두둑 갈비뼈가 부러지는 순간
통증으로 움찔했다
세상이 온통 먹구름으로 휩싸이고
무언가 숨 막히게 압박해왔다
몇 달 몇 날 식은땀을 줄줄 흘리며
넙치처럼 눈을 벌겋게 뜨고 누워 있었다
가슴 위로 주룩주룩 비가 내리고
짐을 잔뜩 실은 둔중한 트럭이 지나갔다
덜컹거리며 트럭이 지나갈 때면
잠시 호흡을 멈췄다
받치고 있는 침대가 쿨럭거리고
점점 아래로 녹아내렸다
아무도 지나가지 않는 도로 위에 쓰러져
버둥대는 한 마리 두더지처럼 뒤척이며
악몽을 꾸다 깨어나는 밤이 길었다
몸속의 캄캄한 계곡을 건너는
끌려가듯 지칠 대로 지친 헛도는 시간
차갑고 딱딱한 공기 속에서
수없이 많은 트럭이 지나가고
밤마다 터져 나오려는 울음을 삼키는 동안

갈비뼈가 우우우 소리 내며 대신 울었다

버려진 그녀

누가 떨구고 간 걸까
탱탱하게 잘 익은 감귤 한 알
아파트 앞 도로변에 버려져 있다

노란 껍질을 벗기고 한 입 베어 물면
물큰 새콤한 향기가 번지며
입 안에서 살살 녹을, 단물 주르륵
흘러나올 오동통한 살집
어디선가 본 듯하다

지하도 구석진 자리
커다란 상자 속에 두꺼운 골판지를 깔고
잠이 든 젊은 여자

무슨 사연인지
따스한 둥지를 잃고 바람 부는
거친 세상의 한 귀퉁이 더러운
시멘트바닥에서 이리저리 휩쓸린다
불룩한 달처럼 부풀어오르는
뱃속의 아이를 키우며 둥근 달에게

한 발짝 한 발짝 다가가는

환하게 빛나야 할 시간을 놓치고
길 위에서 뒤돌아보는
애처러운

백수광부의 여자

슬픔이 슬픔을 지우는 비루한 날들을 위해 가슴에 묻은 채 내뱉지 못한 말들이 숨통을 조여와 가슴을 쥐어뜯는 통증 앞에 담담해지기 위해 고꾸라지며 나동그라지는 희망 앞에 비굴해지지 않기 위해 가뭇없이 지워지는 시간의 물결을 거슬러 삶과 죽음의 경계를 넘어 분명 기적이 있음을 증명하기 위해 더 이상 울지 않기 위해 한 남자의 일부가 아닌 전부가 되기 위해 쓸쓸한 일상, 생의 행간에 길고 긴 발자국을 남기며 취한 듯 비틀비틀 깊고 깊은 강을 건너는 여자

노숙 1

비탈진 산중턱
뒤엉킨 칡넝쿨 사이로
선풍기 한 대 버려져 있다

어떤 힘이 이토록 멀리까지
높이 끌어 옮겨놓았을까

숨 막히는 더위 속
제 몸의 열기로 서늘한 바람을 일으켜
더위를 물리치고 땀을 식혀주던
이젠 고철더미에 불과한
이미 녹슬기 시작한 그가
칡넝쿨 무덤을 이고 비스듬히 누워있다

여름 한 철 내내 숨 가쁘게 움직이던
고단한 팔 다리 부러진 채
겹겹 먼지를 입고 단단한 침묵으로
팔팔하던 한때의 기억을 고스란히
기억하는 노쇠한 몸을 칡넝쿨이
칭칭 감고 오른다

아그배나무

사는 게 죽음보다 더 고통임을
일찌감치 알아채버렸다

지난 여정을 뒤돌아보니
슬픔이 삶을 투명하게 한 시간들이 보인다
진전 없는 반복만 일삼다 가버린 시간, 시간들
되돌아갈 수도 없는 어정쩡한 지점에서
텅텅 비워낸 가슴을 훑으며
누가 바스락바스락 소리를 내며 가는가

바람이 바르르 현을 당겼다 놓고 달아나는
벼랑 끝에서 아슬하게 일체의 내력을 내려놓고
스스로 깊어져 맨발로 수행 중인

상처를 제 안에 가두고 캄캄한 내부를
드러내지 않는, 홀로 감당해야 할 외로움으로
표류하듯 한 시절을 지나온 폐광 같은

때 지난 꽃들을 하릴없이 피워내는
저 맨얼굴의 헐거움

깎아도 깎아도 길어나는 머리칼처럼

눈을 떠도 눈을 감아도 캄캄하다 징징대며 보채던 호들갑스런 낮 동안의 소음들 사라지고 시계의 초침소리가 온 밤을 장악하고 있다 아침이 오려면 아직 멀었는데 온몸 땀에 젖는 길고 긴 시간 멀뚱멀뚱 깨어 뒤척이다 들끓는 뱃속을 진정시키려 애쓰며 한사코 즐겁게 견뎌야 하는 치명적 무력감 속에 끝없이 굴복해야 함을 배운다 깎아도 깎아도 다시 자라나는 손톱처럼 잘라도 잘라도 길어나는 머리칼처럼 엄동에도 움을 키우는 쌉싸름한 빼뿌쟁이 나물처럼 지워도 지워도 되살아나는 그리움처럼 거스를 수 없이 꼭 그만큼의 거리에서 거칠게 부여잡은 고통이 멱살을 놔주지 않는다 상처의 흔적이 뚜렷이 남은 수술 부위부터 머리끝까지 서서히 오르는 열기 속 온몸의 내장이 뒤틀리며 출렁인다 레이저가 자궁을 할퀴고 간 자리 그 어디쯤에서 압박해오는 통증에 기진맥진한 시간, 팽팽하게 부푼 복부의 실밥을 어둠이 밟고 지나간다

'뭉' 자로 시작되는 말 속엔

'뭉' 자로 시작되는 말들은
날개 상한 새가 버둥거리는 형상을 하고 있다

뭉치, 뭉그러뜨리다, 뭉뚝뭉뚝, 뭉글뭉글하다
뭉키다, 뭉텅뭉텅, 뭉구리, 뭉그적거리다
뭉클하다, 뭉그대다, 뭉우리 등등

거친 포주의 손아귀에 생의 덫이 걸린
윤락녀의 뒷모습을 연상케 하는

스르르 잘도 달리던 자동차가 갑자기
늪에 빠져 옴싹달싹 못하는 모습과 닮은

'뭉' 자로 시작되는 말 속엔
평화를 가장한 채 웅크린 무수한
불안과 사무친 비애가 숨어 있다

폐타이어 1

붕붕거리며 달려온 활기찬 날들

이젠 떠올릴 수 없는 기억이 되어버린

피 터진 자리 곳곳에 흉터로
남은 굳은살 박힌 살갗이 말해주듯
세월이 지나간 흔적이 여기저기
몸에 깊은 상처로 남아 있다

오래전 이야기인 듯 아득히 멀어져버린
오래도록 마음의 장을 펼쳐 보이며
나를 반기며 안아주던 길들은 여전히
미래를 향해 굳건히 뻗어 있는데

이쯤에서
낡고 녹슬어버린 볼품없는
몸을 부릴 곳을 찾아야 한다

페타이어 2

온몸으로 상처를 주고받으며
아슬아슬하게 여기까지 왔다

결핍으로 가득한 일상을 밟고 지나온
닳고 닳은 관절이 욱신거린다

슬픔 없는 시절이 어디 있을까마는
뾰족한 삶의 모서리에 다쳐 아파하던
다시는 거슬러 되돌리고 싶지 않은
다 팽개치고 도망치고 싶던 칼바람 몰아치는
겨울이 셀 수 없이 지나갔다

아등바등 동동거리며 조바심치던
내게도 꿈꾸던 푸르른 시절이 있었던가
찌들어 속 깊이 주름진, 감정의 격랑이
일지 않는 지금, 돌이켜보면 지나온 세월이
온통 어둠 겹겹 고통으로만 이어진 건
아니었던 듯하다

가끔은 고통이 지나면 잠시 웃을 수 있는

기쁨도 다녀가고 언뜻언뜻 행복한 순간들이
화사한 햇살처럼 왔다가기도 했었으니

퇴행성관절염

그동안 너무 오래
쭈그리고 앉아 있거나 걸었다

서둘러 쫓아간다 해도 이미 멀어진
빛나던 시절 지나고 빛과 어둠의 경계가
모호해진 헛헛한 하루가
거침없는 시간을 밟고 건너간다

그대로 멈춰버렸으면 좋았을
멀고 먼 길 돌고 돌아 지나온 무수한
길을 뒤돌아보면 결코 호락호락하지 않던
진창의 나날,

어떤 간절함도 이젠 소용없는
닳고 닳아 둥그렇게 틈새가 생겨난
서로 어긋나 뒤틀려 삐그덕거리는
물렁한 뼈마디 욱신욱신 쑤셔온다

3부

길 위에 관한 기억

네게로 가려고 치렁치렁한 긴 시간들을
창가에 걸쳐두었지

내가 너를 따라갔던가
네가 나를 따라왔던가

네게로 향한 내 발이 푸르러지던 여름날
뜬금없이 내리는 빗줄기에 쫓겨 내달리던 때
네 발치에서 잡초가 억세게 자라고 있었지

내가 걷는 일에 집중하는 동안
너는 나무처럼 울창해지는 생각에 잠겨
그늘처럼 바짝 따라붙는 날 알아보지도 못했지만

세상 떠나가는 구부정한 네 뒷모습
난 생생하게 기억하지

일몰의 그림자 길어지는 11월의 저녁
가물가물 잊혀지는 길 위의 기억을 더듬으며
지금도 어디론가 가고 있는

물속의 집

바닷물 속으로 들어가 봐
거기 집이 있어

구불텅하고 깊숙한
긴 통로를 지나 소라 고둥방
거기 들어가면 아늑하지

거기 누워 잠시 바다에 잠긴 하늘을 보면
온몸에 이는 파문

그 안에서
가만히 귀 기울이면
소곤거리는 소리가 들려
노랫소리 같기도 하고
누군가 부르는 소리 같기도 한
그 소리 멀어졌다 가까워지면
저녁이 오고 있는 거야

둥싯둥싯 달이 물 위를 떠다니고
또그르르 별들이 구르는

밤이 오면 철썩이는 파도가
달과 별들을 집안에 들여놓아
대낮처럼 환해지는 물속의 집

그 사내

꼬불꼬불한 곱슬머리
구부정한 어깨
후줄근한 옷매무새
둥근 검정뿔테 안경
어눌한 말투

입술을 비죽이며 배시시 웃음 흘리는
우스꽝스런 표정과 행동이 너무 진지해
눈물나게 하는

다 내주고도
미안해 어쩔 줄 모르는

텔레비전 드라마에 자주 등장하는
매끈하고 세련된 드라마 속 사내들과는 다른
머릿속에는 아이디어가 사금사금 반짝이는

비가 오면 빗소리에 가려질 만큼만
소리 내어 울 것 같은

그 사내가
텔레비전 채널을 고정시키게 한다
그 따스함에 기대어 붉은 여자로
다시 태어나본다

사랑한다고 말할 때의 입모양은 둥글다

가라앉은 목소리로 나직나직 사랑한다고 말할 때, 구부러진 말이 둥그렇게 펴지며 푸른 생기로 돋고 마음속 울창한 숲이 그물처럼 촘촘한 무늬결로 출렁인다 눈부신 햇살 사이로 가지마다 새들이 낮은 음계로 노래하며 이 가지에서 저 가지로 포르릉 날아다닌다 산벚나무 분홍빛 향기가 바람을 타고 천 리를 간다 바람이 지나간 뒤에도 소란소란 끊임없이 살결 부비며 살랑거리는 연한 잎사귀 같은 싱그런, 간지러운 속삭임

그대가 내게
내가 그대에게
사랑한다고 말할 때의 입모양은 둥글다

숨은 꽃

산 깊은 암벽 자락에 연보랏빛 종처럼 생긴 꽃이 흔들리고 있더군요 언뜻 스치고 지나칠 뻔한 여린 꽃송이 수줍은 듯 고개 숙인 그 꽃 모르고 그냥 지나쳤다면 어쩜 조금은 섭섭해했을 거예요 바위 빛깔과 비슷해서 도드라지지 않은 그 꽃 사실은 너무 외로워서 날아가는 물총새라도 붙들어 세우고 싶었겠죠 왜 하필 그렇게 외진 곳에서 별일 없이 한 시절을 보내고 있었는지 저 건너 움막처럼 그늘진 보랏빛 슬픔이 어룽거리는 아릿한 이름 모를 꽃이 은근슬쩍 옷깃을 부여잡아 반나절을 은둔자와 함께 시간을 보냈는데요 서름한 풍경 속 적적한 평화가 감도는 산정에서는 좀처럼 만나기 힘든 매우 드문 경험이었죠

폭설

눈이 내린다
겨울이 다 가도록
눈 구경 한 번 하기 힘든 이곳에서
이처럼 많은 눈이 내린다는 게
믿기지 않는다

분분한 눈보라 속에서 눈앞이 캄캄해진다
돌아보면 깊게 패인 발자국이 그림자처럼
묵묵히 나를 따른다

휘몰아치는 눈발을 온몸으로 받으며 걷는데
왜 자꾸 눈물이 앞을 가리는지

가진 것도 버릴 것도 없는 빈 몸으로
희뿌연 눈그늘 속으로 자분자분 감겨드는
아직 갈 길이 먼 아득한 길 위에서
걸어온 길을 뒤돌아본다

세상일이란 그 어떤 것도 값을 치르지 않고
그냥 넘길 수 있는 게 아니어서

마음 아픈 일이 생길 때면
상처 입은 사람의 간곡한 마음을 매정하게
거절한 죄를 생각한다

사랑의 기억들은 기차의 꼬리처럼 아련하게

사랑은 환하게 꽃피우는 봄밤의 소란함이 잦아질 즈음
흔들리는 허공의 가물가물한 달빛으로 지나가지
꽃잎 머물다 간 명치 끝에 맺힌 불우한
치자향내로 떠다니지

시간이 지나고 나면
다만 슬프지도 아프지도 않은
고들고들 말라가는 모시치마 같은
기억으로만 남게 되지

문득문득 찾아오는 형상들은
뒤돌아보지 않고 가는 새의 날갯짓처럼 희미해지지
째깍째깍 시들어가는 시간을 따라 지워지기도 하지

홀린 듯 눈부시게 빛나는
생의 밑줄로 그어지는 사랑의 기억들은
흐르는 구름처럼 나타났다가 숨어들기를 되풀이하지

무채색의 물결무늬로 아른거리며
갚지 못한 빚처럼 늘 따라다니는

사랑의 후문은 사라지는 먼 기차의 꼬리처럼
아련하게 지나가지

안녕 서어나무

누구에게도 발설하지 못할 은밀한
나의 비밀들을 속속들이 눈치채버린
서어나무에게 내가 한 수많은 말들을
바람이 송두리째 나꿔채 갔다

날마다 줄창 이어지던 내 하소연
묵묵히 들어주던 서어나무가 내 말을
거부하기 시작한 건 어느덧 겨울이 되어
나뭇잎이 다 떨어져내린 맨살로
바람과 한통속이 된 후부터였다

이른 봄 진한 주홍빛 새순이 연둣빛으로 변하고
노란빛과 붉은빛의 단풍이 들 때까지
때론 흔들리거나 조금씩 구부러지며
수런거리는 마음 부딪쳐온 시간들

서로의 외로움을 타진하며 쉴 새 없이
귓가에 속닥거리는 나와 서어나무 사이로
따스한 흰 눈이 사륵사륵 내리는 일은
결코 다시 오지 않을 것이다

떠나야 할 때 머뭇거리지 않고 서두를수록
상처를 덜 받게 되는 법, 잘 있거라 내 사랑
서어나무, 머루주처럼 잘 익은 추억들이여

느릅나무껍질을 달이며

내 후생은 강변에 서서
후두두 내리치는 빗방울에 온몸 내어놓은
느릅나무였으면 좋겠다

수시로 드나드는 바람, 햇살과 더불어
초록과 단풍을 거치는 동안 때 없이
찾아드는 새들의 둥지가 되고
벌레들도 키웠을 느릅나무

연한 잎은 데쳐서 나물을 무치고
나무는 건축자재나 땔감으로 쓰고
우둘투둘한 껍질은 위장을 다스리는
약으로 쓴다는 느릅나무껍질을 깨끗이
씻어 찜솥에 넣고 은근한 불에 달인다

찜솥 안에서 부글부글 끓고 있는
꺼칠꺼칠한 어머니 손등을 닮은
느릅나무껍질, 쌉싸한 내음이
온 집안을 가득 메운다

한 몸이 죽어 다른 몸의 목숨이 되기도 하는

시간에 기대어 울다

그물에 걸린 새처럼 버둥대며
편지 한 통 배달되지 않는 우편함을
매일 열어보는 나날

헐한 시간의 바퀴만 헛돌고 헛돌았다

술집 구석자리에서 누군가를 기다리다
웃고 떠드는 사람들을 자세히 읽는 동안
생각의 두께가 쌓이고 또 무너지는 늦은 밤

옆 테이블의 무척이나 유쾌한 사람들
왁자한 그들의 환한 분위기에 조금은
겸연쩍어 뿌연 담배 연기 속에서 빠져나와

가로등 피어나 지나는 사람들을
뚫어져라 응시하는 사이
눈물 몇 송이 발등에 툭툭 떨어지는 소리
들으면 들을수록 한기가 몰려드는

그 누구와도 공유할 수 없는

흐르는 시간의 난간에서
얼룩진 젖은 구두를 내려다보며
실없이 자꾸만 웃음이 삐져나왔다

막내 고모

그녀의 몸에서는 언제나 싸리꽃 내음이 났다 무엇이 그녀를 그곳에 가게 했는지 알 수 없지만 한 세계를 버리고 또 다른 세계를 찾아 나선 건 몸을 태워 숯이 되는 일, 제 몸을 구부려 다른 한 몸을 일으켜 세우는 일, 그날 아버지는 정녀가 된 누이의 뒷모습만 훔쳐보다 돌아왔다 흰 머릿수건을 둘러쓰고 전작 나간 산비탈의 긴 이랑에서 흔들리는 마음을 꾹꾹 누르며 호미질하는 뜨거운 햇살 아래 땀인지 눈물인지를 연신 쏟아내고 있는 그녀를 멀리서 바라보다 돌아온 아버지는 열아홉 누이의 방문을 걸어 잠그고 탕탕 쇠못을 박았다 못을 박는 일은 시간이 지나면 녹슬어버릴 기억마저 남지 않도록 단단한 담을 쌓는 일, 흔들리는 배의 닻을 내리듯 날마다 파도치는 마음의 격랑을 단호하게 붙들어 매는 일, 방문을 열면 그녀의 해맑은 얼굴처럼 늘 가지런히 제자리에 서 있던 화구들, 부서진 채 부스러기가 여기저기 흩어져 뒹굴고 있다 이곳에서의 모든 것들 그녀의 기억 속에서 다 지워질 수 있을까 그녀가 아끼던 〈뭉크의 화집〉을 기웃거리던 햇살은 그날엔 이미 없었다

늦은 겨울 저녁

한 무리의 어지러운 새 떼들 흩어지며
얼룩처럼 덕지덕지 허공에 번진다
새들이 날아가면서 흘리고 간
울음소리가 오래도록 허공을 맴돈다
후미진 외곽의 불빛들이 하나 둘 켜지고
길모퉁이 움푹 패인 곳에 술병처럼 버려진
검은고양이 아직 숨이 붙어있는지
헐떡이는 소리 들린다
낙엽들이 악착같이 발바닥에 달라붙는다
위안이 되지 못한 시간들이 모여
진눈깨비를 불러와 길들이 질컥질컥하다
덧난 상처들이 비명을 지르지도 못하는
윤곽이 흐려지는 길을 따라
고양이 눈빛 같은 가로등이 이 악물고 있다
포장마차에서 나온 취객이 누런 가래침을
뱉고 지나가는 길을 어둠이 뚜벅뚜벅 걸어간다
언뜻언뜻 날리는 눈발이 이내 멎고
검은고양이 가르릉 가르릉
숨이 끊어질 듯 말 듯 어둠에 묻히는

바위새

산 높이 오를수록 하늘빛 더욱 투명하다
가파른 계단을 밟고 정상에 이르니
산 아래 마을이 아득하다

햇살이 남쪽으로 길게 뻗는 봄날
도란도란 머리를 맞댄 무덤들 지나
팔랑팔랑 호랑나비를 따라 나뭇가지를 헤치며
내려오는 동안 붙박인 듯 서 있는
검은 새를 발견하고 놀라 발길을 멈춘다

새가 날기 시작한 순간
멈춰버려 바위가 되어버린 걸까
벗어나려 벗어나려 안간힘을 쓰다가
벗어나려는 힘 누르고 둥지를 튼

짓궂은 바람이 겨드랑이를 간질여도 모른 척
시침 떼는 스스로의 무거움으로 얼어붙은 채
남은 생을 견디는

허공을 훨훨 나는 꿈을 아직 버리지 못한 듯

넓게 벌리고 있는 어깨가 아프겠다

저녁의 詩

후박나무의 넓은 잎사귀 사이로
저녁이면 집집마다의 지붕들이
조금씩 떠오르기 시작한다

먼 하늘가로 새들이 몰려가고
보이는 것들 너머 마음으로 더듬는 길들
헛발 짚는 내 욕망이 절뚝이며 간다

모멸의 시간들
고통 쪽으로만 기울어지는 일상
눈물빛으로 반짝이는 예감들 앞에서
누가 감히 예지를 말할 수 있는가

원하는 것을 다 잡을 수 없다 해도
누구도 원망하지 않겠다

밀려왔다 가버린 크고 작은 기회들
멈칫멈칫 머뭇거리다 하나 둘 흘러 보내고
새삼 작은 것들 앞에서 겸허해지는
외로움도 넉넉해져 굳이 시가 되는

고단한 발걸음들 집으로 향하는
인사치레로 묻는 안부처럼 무심히
가슴을 치며 맨살로 오는 저녁 무렵
멀리 사라져가는 것들의 기억으로
서서히 어둠이 온다

백운산

살아가는 것 살아내는 것
마음 같지 않아 자주 허방 짚고
오르는 비탈길
숨이 차다

감추려 애써 봐도 결국엔 들키고 마는
아물지 않은 상처들, 어디에라도 기대고 싶어 찾아든
넘어질 듯 넘어질 듯 위태로운 에움길

넓은 어깨에 안겨 보낸 산기슭에서의
한때가 꿈결처럼 금세 지나가고
등 뒤를 따라오던 출렁이는 햇살들
흔들리는 나뭇가지 사이로 저만치 멀어져갈 때

지는 해를 등지고 콧노래를 부르며
잠시 잊었던 근심들 기다리는
집으로 향하는 길

살아가는 것 살아내는 것
힘겨워하는 내 뒷모습

내던지듯 내려놓고 오는

4부

거미

난 매일 그네를 타지
바람이 없어도 나뭇잎처럼 흔들리지
허공엔 날아가는 새들만 있는 게 아니지
나뭇가지에 걸려 어쩌지도 못하는 가오리연이
길 잃은 고양이처럼 움츠리고 있지
새처럼 높이 높이 날고 싶은 난
가다가 아득한 절벽을 만난다 해도
나를 옭아매는 집을 떠나 넓은 세상으로
멀리 멀리 흘러가고 싶지
봄날 꽃잎 지는 길 위에서
아직 용서하지 못한 사람이라도 만난다면
흔쾌히 화해를 하고 따뜻한 마음으로
작별 인사를 건네고 훨훨 떠나고 싶지
아무도 미워해보지 않은 것 같은 눈빛으로
다시는 돌이킬 수 없는 사라진 세월들을
모두 모두 잊고 싶지
백치처럼
백치처럼

종이새

새를 에워싼 모든 길들은
어둠으로 출렁인다

길 아닌 곳에 가고자 한 적 없었다
가끔 샛길로 빠지는 잘 읽혀지지 않는 세상
헤치고 나아가면 어디든 길이 되고
가지 못할 길은 없을 것이므로
무수한 가시 길을 따라 걸음을 멈추게 하는
허풍선이 벼랑을 지나 더 먼 곳으로
솟구치려 했었다

허나 단 한 번의 비상과 추락만이
생애 처음으로 기록되고
날아오르는 순간의 기쁨도 잠시
끝내 좌절을 맛보게 된다

침묵이 허공을 찢는 웅크린 시간들
신열을 앓는 낮게 엎드린 등을
숨 가쁜 바람이 덮치고 간다

새의 몸에 붉은 피가 돌기 시작하고
겨드랑이가 근질거린다

금남로

수많은 문장들이 다 읽혀지기도 전에
끓어오르는 분노로 미친 듯
거칠게 휘몰아치던 태풍이 쓸고 간
치욕의 순간 순간들

사방으로 어둠을 흩뿌리며
군용차량이 휩쓸고 지나간 자리마다
피로 얼룩진 자국들

한때 모래알처럼 반짝이던 말랑말랑한
낯익은 길들 사이로 낮은 탄식이 고이고

죽음의 파편들
어디에나 있고 없는 발자국을 따라

우리 모두가 잊을 수 없는
비통한 기억의 저편으로 웅성거림만
자욱한 아픈 문장들

서로의 안부조차도 묻지 못하던

질펀하게 펼쳐지던 슬픔의 낡은 지도

그림자놀이

내가 지독한 불면에 시달리며
고통을 질근질근 씹고 있는 동안

넌 탄탄대로의 길을 가벼운 발걸음으로
천천히 걸었다
환한 햇빛 속을 배회하며
없는 나를 찾아 헤매는 네 발걸음은
통통 튀는 공의 탄력을 지녔다

간절히 바라는 것이
자신이 만든 허상에 불과하다는 걸
끝끝내 알아차리지 못하고

멀고 먼 너와 나의 거리를 전혀
감지하지 못하는 어리석은 넌
자꾸만 내 쪽으로 손을 뻗어보지만
매번 헛손질이다

난 너의 속셈을 훤히 들여다보며
아무리 애써도 찾을 수 없는 곳으로

온 힘을 다해 이동 중이다

엘리베이터에서 생각하다

엘리베이터 벽에 붙은 詩畵를 본다

산 아래 아득한 곳에서 올려다보면 아찔한
한 발짝만 비켜서면 우르르 무너질 듯 위태로운
벼랑 끝 힘겹게 암벽을 타고 피어난 산제비꽃
돌무덤 아래로 떨어지지 않기 위해 버티고 선
서정시는 아슬아슬하다

휘황한 불빛 속에 뒤엉킨 사람들이 서로
밀치고 밀어내며 엘리베이터 안으로 들어선다
나는 그에게로 어쩔 수 없이 다가간다
거기 또 하나의 생각은 빠져나갈 틈을 노린다
삼켜버리고 싶은 시
얼마나 많은 발걸음들이 모아져야
시에 이를 수 있을까
내 마음속 문장들이 횡설수설 흩어진다

시간의 갈피마다 젖어서 젖어서
물 위를 떠가는 하늘이 갈빛으로 물든다
바람에 길을 내어주는 부들, 듬성듬성 을씨년스런

죽은 나무, 어머니의 늙은 자궁 같은 강변

엘리베이터 문이 열릴 때마다
늘 떠남을 꿈꾸어온 푸르르 날아오르는 새들
어디로든 그곳에서 멀리 날아가라고
바람이 세차게 등을 떠민다

초록 뱀이 지나간 길

길 위에서 초록 뱀이 길을 막습니다
빗방울 하나가 단아한 몸뚱아리에 꽂힙니다
순간, 서슬 퍼런 초록 뱀이 소스라칩니다
눈을 찌를 듯한 초록빛 등 위에 차거운
보석의 푸른빛이 겹쳐집니다
불꽃 같은 혓바닥을 낼름거리며 가느스름
실눈 뜨고 노려봅니다
느닷없이 나타난 경이의 불청객 앞에서
난 그만 길을 잃고 정신을 놓습니다
자작나무에서 자귀나무로 뜀뛰기하던
청설모가 움찔합니다
싸리나무 잎을 훑는 바람도 잠시 우뚝 섭니다
길이 휘청하는 사이
온몸 갈기갈기 돋은 독을 쉬익쉬익 뿜어대는
푸르르르 기세등등한 초록 뱀
늙은 나무에 숨어든 새들이 우르르 날아갑니다
나뭇잎들이 우두두둑 떨어져 내립니다
슬근슬근 초록 뱀이 풀숲으로 사라집니다
빳빳하게 발기된 길이 능청스레 말간
낮빛으로 바꿉니다
길 위에 또 하나의 길이 생깁니다

드릅 드릅 듭드릅

깊은 산 속에 사는 새보다는
마을 근방의 야산에 사는 새일수록
음성이 사람과 닮았다

가끔 또는 자주 산에 갔다가 듣게 되는
드릅 드릅 듭드릅 드릅 드릅 듭드릅
뜻밖의 소포처럼 어리둥절하게 하는
남다른 저 새의 울음소리가
술만 취하면 소리를 질러대는
고물상 방씨의 목소리를 닮았다

멀쩡할 때는 양처럼 순하지만
술만 취하면 사사건건 어깃장을 놓으며
만나는 사람마다 닥치는 대로 욕설을 퍼붓는
방씨의 쉬어터진 목소리를 빼닮은

잡풀 무성한 숲에 꼭꼭 숨어
드릅 드릅 듭드릅 우는
저 새의 이름이 궁금하다

말의 가시에 찔리다

날카로운 말의 가시에 찔릴 때마다
찔린 자리가 빛난다
그 아픈 자리 후렴구만 남은 노래가 되리라

편안한 시간에 전화가 오고
수화기를 드는 순간 말의 가시들이
느리게 박동하는 내 심장을 찌른다

쏟아지는 모멸의, 협박의, 회유의 말들
순식간에 기차바퀴살처럼 지나간다
내 심장 박동소리 커진다
내가 할 수 있는 건 야금야금 씹혀지는
말들을 한 입에 꿀꺽 삼켜버리고
서캐를 누르듯 거울 밖의 나를 또박또박
죽여야 하는 것이다

세상의 날카로운 발톱에 찍히지 않고
나 또한 누군가의 살갗을 할퀴지 않기 위해서는
더 꼿꼿한 가시를 준비하는 것
정곡을 찌를 만한 무너지지 않을 단단하고

날카로운 칼을 네 정수리에 박는 것이
우리들 친밀한 관계의 서로 주고받는
인사법

가을 벚나무

단풍잎들 틈에서 겸연쩍게 웃고 있는
중정 없는 분홍빛 다섯 꽃잎을 보니
차마 너의 이름을 알겠다

계절 감각을 잃어버린 벚나무의 흉곽에서
슬픈 가락이 흘러나온다

졸지에 친척집에 맡겨진 아이처럼
가지 끝에서 옆구리를 쿡쿡 찌르며 그르릉대는
바람에 잔뜩 주눅 들어 어쩔 줄 몰라 하는
꽃잎들 날이 갈수록 점점 창백해진다

빛을 지우며 스미듯 찾아드는
저녁이 가지마다 매달려 대롱대며
제 안의 출렁이는 어둠을 풀어놓을 때

조금씩 흔들리는 무수한 잔뿌리들
도처에 흘러넘치는 물소리에 귀 적시며
물결무늬 나이테를 키운다

군데군데 얼룩처럼 번지는 쓸쓸한 시간을 건너
한 잎 두 잎 꽃잎이 지고 지는 꽃잎 위로
되새 떼가 날아간다

봄눈

스르르 돛배처럼 왔다
나비처럼 훨훨 날아왔다
스케이트를 즐기던 죽은 언니처럼
물방울무늬 머플러를 휘날리며 왔다
와락와락 덤벼드는 추위를 툭툭 털며 왔다
사그락 사그락 발자국소리가 참 좋아요
부풀어 오르는 말들이 쌓이고 우우우
바람소리가 꽁무니를 따라다니다
제풀에 잠잠해지기도 했다
겨울이 힘껏 발목을 붙들었으므로
발 묶여 한동안 동동거렸다
음악도 없이 절로 흥겨워져 뒤뚱뒤뚱
춤을 추다 거꾸러지기도 했다
부시도록 희디흰 날들이 지나가고
하르르 쳐들어온 홍염살 가득한 봄바람에
올 것이 왔다는 듯 세상에서 가장
먼 길을 향해 나풀나풀 떠나갔다
나뭇잎처럼 가볍게 희뿌연 유서를 흩뿌리며
무거운 허공을 밀며 갔다
붉은 머리 새 떼들의 머리채를 끌고 갔다

갸웃갸웃 어둠을 지우며 갔다
뒤돌아보지 않고 허청허청 갔다

박쥐

그와 마주친 건 빌딩의 계단에서였다
부시럭거리다 주춤하던 그의 눈빛이 순간 빛났다
문득문득 적과 마주칠 수밖에 없는
흘러가거나 멈추는 것들의 잡히지 않는 무늬가
그의 눈동자 속 출렁이는 그늘처럼 퍼져 있다
내가 사무실로 들어서자 그가 따라 들어왔다
나는 창문을 모두 열고 그가 조용히
사라져주기를 기다렸다
그는 좌충우돌 사방의 벽에 쿵쿵 머리를 박으며
소란을 피웠다 그가 날개를 펼칠 때마다
쉬익쉬익 솔바람소리가 났다
사무실의 집기가 흩어지고 공포 분위기에 휩싸였다
그는 여간해서는 나갈 기미를 보이지 않았다
사무실 안을 몇 바퀴 돌다가 지칠 대로 지친
그가 천장에 착 달라붙어 부동자세를 취하고 있다
밤눈 어두운 내가 보기엔 날개를 접은
그의 모습은 천장에 붙은 커다란 까만 얼룩에
불과했다 거꾸로 매달려 숨죽인 채로
그가 나를 바라본다 그의 눈에 비친
나야말로 거꾸로 매달려 있겠지

늘 출구를 찾지 못하고 헤매는 나와 흡사한
그가 앞을 보지 못하는 장님일지도 모른다는
생각이 든 건 한참 후였다
오랫동안 마음의 감옥에 갇혀 출구를 찾지 못하는
내 마지막 비상구는 어디인가
끝내 가지 않은 길 저쪽의 풍경 속으로 어렴풋한
어둠이 더욱 선명해진다

어느 맑은 날

온 마을이 공단으로 편입되어
옹기종기 모여 있던 집들이 허물어지고
온통 어지럽게 파헤쳐져 개발이 한창이네

그 중 딱 한 군데
박하향내가 온 집안을 잠식한
내가 태어나고 자란 옛집만이 덩그마니 남아
마지막 순간을 기다리네

비에 젖어 잎 지는 뒷마당의 나무가 기억하는
수많은 고요의 시간들이 아직 건재하는
해가 뜨고 비 내리는 동안
세월을 떠밀고 무너질 듯 비스듬히
버티고 선 슬픈 육신

물 밖으로 내팽개쳐진 채 퍼덕이는
물고기마냥 갈증만 커지는
몇 평생을 갚아도 다 못 갚을
빚더미처럼 쌓인 그리움으로 남을

죽을 날을 받아놓고 웅크린
산이 울고 있네

물소리

해남 대흥사에서 하룻밤을 묵을 때
밤새 귀를 때리는 물소리가 잠 못 들게 했다

모두가 잠든 밤 홀로 깨어
나무를 흔들리게 하고 바람을 불러 모아
산사의 정적을 깨뜨리는 저 물소리가
직립의 탑을 지나 내 잠을 방해하여
까무룩 잊혀진 기억을 되살리게 했다

넓게 그늘을 드리우던 가래나무
그 아래 쑥부쟁이, 엉겅퀴 바람에 흔들리던
너무 빨리 찾아온 저녁에 발등 찍혀 허둥대는
발길을 막아서던 장대비에 혼비백산했던
먼 기억 속의 오솔길을 걷고 또 걸었다

바람이 절을 무너뜨리고 다시 세우는 동안
절절 끓는 온돌방에 누워 밤새 이리저리
뒤척이며 듣는 왁자한 물소리

소찬 앞에서 지긋지긋하게 길게 이어지던

넋두리 같은 엄마의 지루한 잔소리처럼
끝없이 넘쳐흘러 母性의 둥근 바퀴를 가짐직한
내 기억의 옷자락을 오래도록 구르게 했다

일월비비추

슬퍼지는 꽃이 있다
산그림자처럼 그늘진 이마 위로
구름 한 잎 지나간 뒤의 아련함

그 꽃을 난 달빛이라 불렀다
달빛은 나를 따라다니며 물결처럼 일렁거렸다

어느 날 달빛을 찾아갔는데
달빛은 없고 꽃 진 자리만 휑휑했다

돌아오는 길에
솜털이 보송보송한 다소곳이 합장을 한
서름한 눈빛의 비구니와 마주쳤다 순간
시선을 허공으로 돌리며 이내 멀어져갔다

애써 먼 곳을 바라보는 건 습관이 되어버린 걸까
장삼자락 펄럭이며 총총 골목을 돌아서는 찰나
하마터면 달빛! 하고 부를 뻔했다

밤의 산책

산길로 접어들었다
어둠이 거칠게 내 몸을 휘감았다
내 발소리에 놀란 고라니가
저 건너 숲 쪽으로 숨어들었다
무덤 앞을 지날 때엔 가느다랗게
노랫소리가 새어나왔다
지나가던 바람이 노랫소리를 길 위에
흩뿌려놓고 어디론가 사라졌다
난 그 노랫소리가
귀에 익었기에 흥얼거리며 걸어갔다
어디서 날아왔는지
어지럽게 설쳐대는 나비 떼들이
가로막았지만 동요하지 않고
앞으로 앞으로 나아갔다
별이 너무 멀리 있어 아득한 이 밤
우리가 가야 할 곳은 어디인가
독촉장이라든가 최고장이 문 앞에서
기다리는 집으로 돌아오는 길
환청처럼 고라니 울음소리가
귓전을 때렸다

● 해설 ●

자연의 상관물과 그녀의 날갯짓

전해수(문학평론가)

1999년 『시와사람』 겨울호에 시 「엑스트라를 위하여」 외 5편으로 문단에 나온 김은우는 꼬박 10년이란 세월을 소진하여 첫 시집을 펴냈다. 10년. 시인에게 강산江山이 변한다는 그 '시간'의 범위는 매정하고 서글퍼서 '현재'의 삶을 '과거'로 돌이키려 하며, 과거와 현재의 맞물리지 않는 결핍감에 때로는 '현재'를 외면하고 '과거'의 지점에 머무르려는 반향反響으로 작용한다. 과거와 현재. 단적으로 말하면 김은우의 시에는 '시간'의 경개傾蓋가 무의미하며, 과거이기도 하고 현재이기도 한 '멈춘 시간' 속에서의 '시적 화자'와, 시적 화자가 발견한 '그녀'가 한층 중요하다. 다시 말해 김은우 시의 주된 특징은 시적 화자가 바라보는 대상인 3인칭의 '그녀'가 바로 시적 화자의 대변代辯으로 작용하며, 그 매개체가 '자연의 상관물'이란 사실이다. 시인은 꽃과 나무, 새와 바람 등 자연의 상관물에 의존하는 성향을 짙게 띠는데, 이 같은 자연과 자연물에 대한 집착은 자연이야말로 시적 감성을 쉽게 이입移入하고 과거적 삶의 상처를 그 원천(자연)으로 되돌려 치유할 수 있다고 믿기 때문일 것이다.

상기해보면 '자연'은 오랜, 서정시의 표현 방식 중 대표격이며 우리에게는 익숙한 시적 제재이자 정서의 분출구이다. 그만큼 '자연'은 서정시의 곁에서 익숙한 모습으로 우리의 감정을 지배해 왔으며 역설적이게도 그만큼 비판의 대상으로 눈총을 받아 왔다. 시적 형상화. 하여 '자연' 과 같은 전통적이며 유별하지 않은 보편적인 제재를 시적 제재로 삼을 때는 그 형상화의 문제에 더욱 유의하여야만 한다. 보편적이고 낯익은 제재를 개성적인 차원으로 끌어올리기는 더욱 힘든 게 사실인 것이다.

사각의 벽에 갇혀
물고기가 되었다가 백합이 되고
별이 되었다가 강물이 되는

한때 발끝까지 환해지던 기쁨이거나
그림자처럼 따라다니던 슬픔으로 버무려진
추억들을 쏟아내고는 주섬주섬 주워 담는

능소화 화아하게 피어나는 시간 내내
떠도는 구름의 행방을 궁금해하며
쿡쿡 실없이 웃다가 엉엉엉 소리내어 우는

자작나무 숲처럼 빽빽한 기억으로 가득한

행간마다 흥건하게 고여 있는 불안으로
얼룩을 만들고 지우는 일로 하루를 채우는
그녀가 떠오른다

―「한자 울鬱자를 들여다보면」 전문

시 「한자 울鬱자를 들여다보면」은 이 같은 김은우 시의 특성이 잘 드러나 있다. 이 시에는 '자연의 상관물' 과 '그녀' 가 등장하며 '시간' 인식도 잘 표출되어 있다. 예컨대 '사각의 벽', '능소화 피어나는 시간', '고여 있는 불안', '기억' 은 모두 시간을 답보하는 시어詩語들이며, '물고기', '백합', '별', '강물', '능소화', '자작나무 숲' 등은 시적 화자가 감정이입의 대상으로 삼은 자연의 상관물들이며, 마지막 행의 '그녀' 는 3인칭으로 제시되었으나 '시적 화자' 의 분신分身으로 대체된 '그녀' 인 것이다. 즉 시적 화자는 "행간마다 흥건하게 고여 있는 불안"한 과거적 시간인 "사각의 벽"에 갇혀, 변화된 자연의 상관물에 의해 "기쁨"이었다가 "슬픔"이 되는 감정의 변화를 겪는다. 그 감정의 변화는 실은 '그녀' 가 "얼룩을 만들고 지우는 일"을 되풀이하는 "불안"한 시간 속에서 우왕좌왕하는 모습과 다르지 않은 것이다.

사실 한자漢字 '울鬱' 은 사자성어 '울울창창' 에서 알 수 있듯이 숲에 나무가 빽빽이 들어찬 모습이 연상되는 글자이다. 그러나 자전字典을 살펴보면 수풀이 우거지다의 뜻 외에도 '막히다' '막혀서 통하지 않다'의 이중적 의미도 내포되어 있음을 알 수 있다. 그것은 '우거진 수풀'이 오히려 빛을 차단하며 막힌 공간을 만들어낸다는 사실에서 보다 선명한 이미지를 형상화해 볼 수 있다.

시적 화자가 바라본 기쁨과 슬픔도 그런 것이 아니었을까. 동전의 양면과도 같이 기쁨 뒤에 도사리고 있는 슬픔의 모습. 시적 화자가 '한자 울鬱자를 들여다보'며 그 울창함에서 오히려 삶의 갑갑함을 느끼는 것은 '과거'의 "한때 발끝까지 환해지던 기쁨"이었던 짧은 순간마저도 "그림자처럼 따라다니던 슬픔으로 버무려진" 시간들 속에서 "쏟아내"는 '슬픈' 추억을 "주섬주섬 주워 담는" 것과 같은 "불안"으로 하루를 채웠기 때문인 것이다. 이와 같이 시적 화자의 분신과도 다르지 않은 '그녀' 됨의 인식의 기저에는 자연과 상관하는 자연물과 '멈춘 시간'이 함께 존재하고 있다.

비 온 뒤
길 위에 군데군데 움푹 패인
웅덩이가 생겨났다

연한 황토빛 배경으로
웅덩이에 고인 물이 투명한 액자가 된
지푸라기와 나뭇가지, 나뭇잎들이 모여
환상적인 조화를 이룬 기하학적 추상화

사람의 손을 거치지 않은
자연스런 그림으로 완성된
직사각형의 액자 속엔
바람 한 줌과 구름 몇 송이 수시로
자유롭게 드나들었다

지나는 발길들 멈추게 하는
곳곳에 전시된, 푸른 하늘 마주보고 있는
길바닥에 붙박힌 그림들
햇빛 짱짱한 날이 계속되던 어느 날
흔적도 없이 사라졌다
바퀴자국만 길게 남았다

–「자연미술관」 전문

시제詩題 「자연미술관」에서의 공간인 '미술관'은 '과거' 시간을 붙잡아 놓은 '정지된 시간'의 집합체이며, 이 정체된 공간은 '자연'과 어우러져 '원시 공간'을 유추시킨다. 이는 비 온 뒤의 "웅덩이", "고인 물" 등 "전시된" "그림들"처럼 "흔적"과 "바퀴자국"으로 남겨진 "군데군데 움푹 패인" 화자의 '원시적인' 혹은 '근원적인' 과거 상처와 상통한다. '비'로 형상화된 고난의 과거사는 비온 '뒤' 즉, 현재에도 여전히 외부로부터 차단된 '웅덩이'처럼 막힌 세계를 경험하게 하고 "웅덩이에 고인 물"에 자연물인 "지푸라기와 나뭇가지, 나뭇잎들이 모여" "액자"를 만들어내는 '정지된 시간'의 '가둠'으로 인식된다.

요컨대 김은우 시의 '시간' 인식은 '현재의 그녀'를 '과거적'이게 만들며 과거와 현재가 상충하는 비애감에 때로는 '현재'를 외면하고 '과거'의 지점에 머무르려 한다. 그것은 가오리탕을 먹으며 홍어탕의 쌉소름한 맛을 추억하는 것 혹은 기역(ㄱ)과 함께 있으면서 니은(ㄴ)을 떠올리는 불협음을 배태하고(「가오리탕과 홍어탕 그리고 ㄱ과 ㄴ」), 아버지의 문집을 뒤적이며 오래 버려둔 것들에 대한 연민에 빠져들기도 하며(「아버지의 문집」), 노래 '즐거운 나의 집'이 슬픈 노래로 여겨지게(「노래」) 만든다.

시인인 '그녀'가 '시적 화자'의 분신처럼 사용되거나, 화자의 시선 속의 '그녀'가 되거나, 꽃과 나무, 새와 바람 따위의 자연의 상관물 속에 이입되어 '서글픈' 그녀의 다른 모습으로 작용하는 것은 그러므로 잃어버린 시간 속에 작용하는 3인칭 '그녀'의 재발견인 셈이다.

1
강한 개성은 사절
어딜 가도 만날 수 있는
편한 모습으로 가장해
장점이 드러나는 건 금물
손바닥을 들어 보여도 안 돼
배당받은 만큼의 희미한 존재로
철저하게 배경으로 서 있어줘

2
질박한 이야기가 오고가는 밥상에
풋고추나 된장 보리밥을 담아내고
눈까지 씻겨 살강에 얹혀지다가

불구덩이에서도 제 살빛 잃지 않는
닳고 닳은 거칠은 결마다
세월의 옹이가 깊게 박힌
조선 막사발

3
흔들리며 더디게 너에게 가는 길
소름 돋도록 단호한 네 모습 떠올리며
깊고 푸른 네 중심에 들어갈 수 없는 슬픔으로
눈멀어 가슴 앓던 한 시절의 기억 되살리며
먼 훗날 오래 그리워할지도 몰라
이제 네 앞에서 쓸쓸해하지 않기로 한다

—「엑스트라를 위하여」 전문

1
노래는 슬프다, 라고 쓰려다
즐거운 나의 집을 애써 떠올리며
노래는 즐겁다, 라고 고쳐 쓴다

2

그 숲은 곧 파헤쳐질 것이다
아파트 신축공사 간판이 내걸려진
숲의 땅속 뿌리내린 나무들
둥지 속 새들
쓰러지기 직전까지는 모든 것이 고요하리라
일몰 전 나는 나무의 수를 센다
나무도 아닌 잡풀들이 그 속에 끼고 싶어 한다
서서히 내려앉는 어둠에 갇힌 잎새들이
흔들리며 손잡는다
파들거리는 옻나무 붉은 입술을 덮치는 바람에
사시나무 여린 잎새가 휘청거린다
그늘 깊은 땅으로 스미는 어둠이
수런대는 푸른 잎들을 덮어버린다
노래는 슬프다, 로 고쳐 쓴다

3

길을 가다가 길가에 흩어진 자갈들 주워
호주머니에 가득 넣고 걷다보면
아파 아파 저희끼리 부딪히며 소리 지른다
뼈와 뼈끼리 마주치는 소리
온몸으로 부르는 노래
어둑한 세계 안에서 새어나오는 가는 숨소리
보지 않아도 다 안다 드러나지 않는 너희 상처

아무도 내일을 알지 못한다
아무리 생각해도 노래는 아프다

—「노래」 전문

시집에는 실려 있지 않지만 사실 김은우의 시는 그의 등단 시 「엑스트라를 위하여」와 「노래」에서 살펴볼 수 있듯이 삶이라는 무대 위에 주인공으로 서지 못하고 그 언저리에서 머무는 '엑스트라' 적인 인식으로부터 출발한다. 이것은 시인이 슬픔으로 무장된 과거사를 경험하면서 뿌리 깊게 각인된 '주변인' 으로서의 자각과 연민을 보여주는 것이다. '엑스트라' 인 화자는 "희미한 존재", "배경", "세월의 옹이가 깊게 박힌 조선 막사발" 같은 미미한 역할을 하며 "흔들리며 더디게 너에게 가"지만, 그리고 이 휘청이는 몸짓은 "깊고 푸른 중심에 들어갈 수 없는 슬픔"에 젖어 있지만, 희미하게나마 "쓸쓸해하지 않기로" 우겨다짐하는 '자기연민' 을 내장하고 있다.

시 「노래」 역시 경쾌하고 활기찬 흥취로서의 '노래' 보다는 "슬프다", "아프다"식의 자기비애로 가득 찬 '노래' 를 묘사하고 있는데, 화자가 "노래는 슬프다"를 "노래는 즐겁다"로 고쳐 쓰려는 의지를 보여준 사실이, 결국은 "아무리 생각해도 노래는 아프다"에 이르고 마는 '자기비애' 를 상기시킬 뿐이다. 이처럼 '노래' 는 "자갈들"이 호주머니 속에서 "아파 아파 저희끼리 부딪히"는 그저 '소리' 일 뿐이거나, "어둑한 세계 안에서 새어나오는 가는 숨소리"이거나, "드러나지 않는 상처"로 인식된다. '노래' 가 '노래' 이기 이전의 '소리' 로 인식되고, '소리' 인

'노래' 가 "아무리 생각해도 아프다"는 깨달음은 김은우 시가 초기 시부터 '엑스트라' 의식 즉, 중심에 서지 못하고 언저리를 배회하는 슬픔에 빠진, 소외 의식을 보여주는 것이기도 하다. 이러한 김은우 시의 엑스트라로서의 '연민' 은 '자연의 상관물' 을 만나 시적 형상화의 과정을 거쳐 구체화되기에 이른다. 요컨대 자연의 상관물이 김은우 시의 주요한 지점에서 그 인식체계를 형성하고 있음은 시집의 곳곳에서 흔하게 발견할 수 있는 것이다.

수시로 펄럭이는 바람도서관의 낡은
책들은 등뼈가 휘었다
모서리가 닳고 닳아 쉽게 넘겨지지 않는 가장자리엔
폭우 한가운데를 지나 그곳에 당도한
새들의 울음소리가 매장되어 있다
수많은 낱말들이 햇살에 반짝이는 책들
속눈썹 안쪽에 모든 길의 나침반이 숨겨져 있다
흔들림이 멈추지 않는 바람도서관 입구엔
푸른 사색나무들이 즐비하다
허구한 날 바람바라기하는 바람중독자인
사색나무는 너무 무거운 생각들로 한없이
깊은 늪으로 빠져든다
어디론가 흘러가고 싶은 잎사귀들을 날려 보내고
아직 완성하지 못한 문장으로 늘 목이 마르다

물속의 물고기처럼 퍼득이는 바람의 싱싱한
수사가 무료나 권태를 훌훌 떨쳐버리는
마침표가 없는 문장으로 기록된 책들로 가득한
바람도서관 그늘 깊은 눈빛을 늦은 오후가 읽고 간다

–「바람도서관」 전문

'바람도서관' 은 무엇일까. "수시로 펄럭이는" "바람의 싱싱한 수사가 무료와 권태를 훌훌 떨쳐버리"고 "마침표 없는 문장으로 기록된 책들로 가득한" 바람도서관. "바람도서관"의 낡은 책들은 "모서리가 닳고 닳아서 쉽게 넘겨지지 않는 가장자리"를 지녔고 "새의 울음소리가 매장"되어 있고 "모든 길의 나침반이 숨겨져 있다"니!

시인이 '도서관' 의 실체에 '바람' 의 이미지를 부합시킨 것은 시어詩語를 다루는 시인의 고투苦鬪 즉 "아직 완성하지 못한 문장으로 늘 목이 마른" 시인의 언어적인 갈증을 드러내기 위함이다. '언어' 를 다루는 모든 행위와 그 결과물들에는 실제로 "폭우 한가운데를 지나 그곳에 당도한" "새들의 울음소리"가 깃들여 있다. 이처럼 '바람' 과 '새' 로 표상된 자연의 상관물들을 통해 시인은 시적 정서를 전달하고자 한다.

바람이 바르르 현을 당겼다 놓고 달아나는
벼랑 끝에서 아슬하게 일체의 내력을 내려놓고
스스로 깊어져 맨발로 수행 중인

상처를 제 안에 가두고 캄캄한 내부를
드러내지 않는, 홀로 감당해야 할 외로움으로
표류하듯 한 시절을 지나온 폐광 같은

때 지난 꽃들을 하릴없이 피워내는
저 맨 얼굴의 헐거움

—「아그배나무」 부분

수시로 찾아드는 바람, 햇살과 더불어
초록과 단풍을 거치는 동안 때 없이
찾아드는 새들의 둥지가 되고
벌레들도 키웠을 느릅나무

—「느릅나무껍질을 달이며」 부분

빛을 지우며 스미듯 찾아드는
저녁이 가지마다 매달려 대롱대며
제 안의 출렁이는 어둠을 풀어놓을 때

조금씩 흔들리는 무수한 잔뿌리들
도처에 흘러넘치는 물소리에 귀 적시며
물결무늬 나이테를 키운다

군데군데 얼룩처럼 번지는 쓸쓸한 시간을 건너
한 잎 두 잎 꽃잎이 지고 지는 꽃잎 위로

되새 떼가 날아간다

—「가을 벚나무」 부문

'바람'은 "제 안에 가두고" 있는 "상처"를 건드리는 기제가 된다. 반면 '꽃'과 '나무'는 시적 화자가 지향하는 대상이지만 "때 지난 꽃"이거나 "한 잎 두 잎 꽃잎이 지고 지는 꽃잎"으로 묘사되어 있는데 이것은 시적 화자의 자기인식의 상태를 보여주는 것이다. 부언하면 "아그배나무"가 "폐광 같은" "맨 얼굴의 헐거움"을 지닌 것이라든가, 불필요한 "벌레들도 키웠을 느릅나무"의 벗겨진 껍질, "조금씩 흔들리는 무수한 잔뿌리들"이 "얼룩처럼 번진" 쓸쓸한 "가을 벚나무"가 바로 시적 화자의 '엑스트라'적인 모습을 드러내는 자연의 상관물 '나무'인 것이다. 그러나 이러한 시인의 자기비애적인 인식은 '꽃'(나무여도 상관없을 것이다)에서 '새'의 이미지로 이행되고 있는데 이 점을 주목해야 한다.

꽃을 그린다는 게
새가 되어버렸다

꽃의 가시는
새의 뾰족한 부리가 되고
보드랍고 매끄러운 꽃잎은
가벼운 새의 깃이다
간신히 몸을 지탱하는 가느다란

꽃의 줄기는 새의 다리가 되고
땅속 깊이 뻗은 꽃의 뿌리는
새의 날카로운 발톱이 된다

새가 날개를 활짝 펼친 모습은
꽃봉오리가 한껏 부풀어 오른 형상과
다름없다

새가 되어버린 꽃은
바람이 어깨를 스치자

온 힘을 다해 날개를 펼친다
앞으로 미끄러지듯 스르르 나아간다

내가 날기 시작한다

―「꽃, 날아가 버렸다」 전문

'꽃' 이 '새' 가 되어 비상하는 순간, 3인칭의 '그녀' (엑스트라였던)는 사라지고 1인칭의 '내' (주인공인)가 남게 된다. 그것이 "꽃을 그린다는 게 새가 되어버린" 우연이든 아니든, "꽃의 가시"는 "새의 부리"가 되고 "꽃잎"은 "가벼운 새의 깃"이 되었다는 사실이 중요하다. 나아가 "간신히 몸을 지탱하던 가느다란 꽃의 줄기"는 "새의 다리"가 되고 "땅속 깊이 뻗은 꽃의 뿌리는 새의 날카로운 발톱"이 되었다는 사실. 마침내 "새가 되어버린 꽃"이, 창공을 향해 박차고 나아가 "온 힘을 다해 날개를 펼치"는 순간의 비상飛上을 체험하는 자기변화를 맞이한 사실. 이처럼 "내가 날기 시작"했다는 '주인' 됨의 전환이 김은우의 이번 시집에 드러나 있다는 점은 환기될 필요가 있다. 이것은 엑스트라 인식으로부터의 벗어남을 의미하는데 3인칭인 '그녀'에게 비상飛上은 '과거'의 모습을 떨쳐낼 수 있는 도약으로서의 비상飛上과도 같다.

그렇다. 이제 시인이 '과거'의 시간을 버리고 '현재'의 시간을 받아들일 때, 막 펴낸 첫 시집을 버리고 좀 더 자기 확신에 찬 두 번째 시집을 준비할 때, 김은우 시는 날개를 달고 비상飛上을 위한 진정한 날갯짓을 하게 될 것이다.